Heinrich Goussen

Martyrius-Sahdonas Leben und Werke

nach einer syrischen Handschrift in Strassburg i.E.

Heinrich Goussen

Martyrius-Sahdonas Leben und Werke
nach einer syrischen Handschrift in Strassburg i.E.

ISBN/EAN: 9783743616097

Hergestellt in Europa, USA, Kanada, Australien, Japan

Cover: Foto ©ninafisch / pixelio.de

Manufactured and distributed by brebook publishing software
(www.brebook.com)

Heinrich Goussen

Martyrius-Sahdonas Leben und Werke

Martyrius-Sahdona's

LEBEN und WERKE

NACH EINER SYRISCHEN HANDSCHRIFT
IN STRASSBURG I/E.

EIN BEITRAG

ZUR GESCHICHTE DES KATHOLIZISMUS UNTER
DEN NESTORIANERN

VON

DR HEINRICH GOUSSEN.

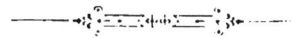

LEIPZIG,
OTTO HARRASSOWITZ.
1897

INHALTSVERZEICHNIS.

EINLEITUNG.

Die Strassburger Handschrift und ihr Inhalt.

Im Jahre 1895 gelangte die Strassburger Universitätsbibliothek in den Besitz einer syrischen Pergamenthandschrift in-Folio, die sich durch Gediegenheit des Materiales, durch kräftige Schönheit ihrer Estrangelaschrift, kurzum durch hohes Altertum auszeichnet. Der Text zeigt noch keine Vokalzeichen, die diakritischen Punkte sind spärlich, und die Interpunktion ist altertümlich. Der Codex ist somit aus palæographischen Gründen wohl dem 7. Jahrhundert, spätestens dem 8. zuzuweisen.

Leider ist die prächtige und kostbare Handschrift im Anfange und am Ende unvollständig. Ursprünglich dürfte die Gesamtzahl der Blätterlagen oder Kurrâs, wie sich auch aus den syrischen und den arabischen Zahlangaben auf dem unteren bezw. oberen Rande jeder letzten Lagenseite ergiebt, 24 betragen haben, jede Lage zu 10 Blättern gerechnet. Davon fehlen heute im Anfange Kurrâs 1—6 gänzlich, während 7 mit dem letzten Blatt beginnt; Kurrâs 8—23 sind vollständig vorhanden, so jedoch, dass 11 ausnahmsweise mit 9 Blättern vollzählig ist. Die letzte Lage 24 entbehrt am Schlusse eines Blattes, das auch wohl den Abschluss des Werkes ausmachen mochte. Das lose Blatt 135 steht an verkehrter Stelle, es gehört nämlich gleich in den Anfang, etwa zu Lage 7. Somit ergiebt sich für unsere Handschrift ein Restbestand von 170 Blättern oder 340 Seiten (30×22 cm). Jede Seite ist endlich in zwei Columnen eingeteilt, deren Zeilenzahl etwas schwankt (durchschnittlich 38).

Die Handschrift ist von ihrem Schreiber selbst ziemlich sorgfältig mit ihrer Vorlage verglichen worden, wie dies aus den (meistens) auf dem Rande notierten Nachbesserungen erhellt; auch trägt die letzte Seite jeder Lage unten am Rande noch den Ver-

merk „collationiert!". Citate aus der heil. Schrift (nach der Peshitta)
sind — jedoch nicht immer — am Rande durch die bekannten
Punkte-Häkchen (⟨) fortlaufend ausgezeichnet. Auch ist der Rand
(vom Schreiber selbst, jedoch in Cursivschrift!) öfters mit frommen
Bemerkungen und Stossseufzern verbrämt, z. B. f. 1 ᵛ : „Allen voran
geht Maria, die Gottesgebärerin." (Der Verfasser preisst im Texte
eine gewisse Einsiedlerin und Büsserin Sherin hyperbolisch als
„Gesegnete unter den Weibern"); f. 22 ʳ : „Für die Geduld —
auf dass wir in menschlichen und satanischen Versuchungen gestärkt werden — lies (das Nebenstehende)"; f. 36 ʳ : „Lies, lies
darin beständig" (Capitel von den vielen Kämpfen im Mönchsleben); f. 38 ᵛ : „Wer in vorkommenden Unglücksfällen nicht ver-
zagt, der wird gekrönt werden als ein Mann der Opfer von Gottes
Engeln"; f. 46 ʳ : „Unser Herr möge reichlich mehren den Frieden
jener, die an ihn glauben, und nimmer begegne ihnen Schlimmes!"
(Tractat vom Glauben); f. 50 ʳ : „Lies darin und lass' dich's nicht
verdriessen!" (Tractat von der Liebe Gottes und des Nächsten)
u. s. w. u. s. w.

Wer die Handschrift geschrieben hat, und wahrscheinlich
auch, wo sie geschrieben worden ist, das bekundet folgende Schluss-
notiz f. 134 ʳ : „Um unseres Herren willen! Wer immer in diesem
Buche lesen wird, der möge beten für Abba Sargis (P. Sergius)
aus Edessa, damit Erbarmen werde seiner Seele, und jedem, der
mit ihm verbunden ist, sei es in Wort oder That. Amen, noch-
mals Amen."

Als Verfasser der in unserm Torso enthaltenen Werke wird
öfters ein gewisser Martyrius genannt, ohne dass jedoch über
seine Person und seine Verhältnisse befriedigende Aufschlüsse gegeben werden. So heisst es z. B. f. 38 ʳ : „Zu Ende ist der erste
Teil der Schrift über den vollkommnen Lebenswandel (šumlâj-
dubbârê), verfasst vom heil. Martyrius. — Zweiter Teil derselben
Schrift des heil. Martyrius u. s. w."; f. 134 ʳ : „Abgeschlossen ist die
Schrift über den vollkommnen Lebenswandel, verfasst von dem
hochwürdigsten (hasjâ=Bischof), von Gott erwählten und heiligsten
Martyrius u. s. w."; f. 134 ᵛ : „Desselben heil. Martyrius Briefe
an seine Freunde-Einsiedler"; f. 170 ᵛ : „Zu Ende ist der fünfte
Brief des heil. und Gott liebenden Martyrius"; f. 170 ᵛ : „Weisheitssprüche von demselben hochwürdigsten (hasjâ, s. o.) Martyrius."

Aus dem Gesagten geht schon in der Hauptsache der Inhalt des Codex klar hervor : Ursprünglich enthielt er die Werke jenes Martyrius in 3 Hauptabteilungen, nämlich 1) den grossen Tractat über den „vollkommnen Lebenswandel" in zwei Büchern, 2) die (5) Briefe, 3) die (kurzen) Weisheitssprüche. Durch den Ausfall der vielen Blätter im Anfange der Handschrift ist das erste und Hauptwerk arg mitgenommen worden. Jedoch verhilft eine f. 39ʳ gegebene „Recapitulation des ersten Teiles" zu einer leidlichen Reconstruction wenigstens des Inhaltes und der Anlage dieses zu fast zwei Dritteln verlorenen Teiles. Somit gelangen wir zu folgender Aufstellung:

Des heil. Martyrius Schrift über das vollkommne Leben.

Erster Teil.

Erster Tractat (mêmrâ) : Von der Güte Gottes als unseres Schöpfers und Erlösers.

I. Capitel (rêšâ) : Von dem ursprünglichen Gnadenstande des Menschen.

II. Capitel : Von der grossen Herrlichkeit der Erneuerung (= Erlösung) des Menschen.

III. Capitel : Über Gottes zureichende Gnade zum Meiden des Bösen und

IV. Capitel : Zur Übung und zum Eifer im Guten.

V. Capitel : Über das Band der Einigung und Vollkommenheit, d. i. die Gottesliebe.

Zweiter Tractat : Über die beiden Wege der Gerechtigkeit und der Sünde (vgl. die Apostellehre mit ihren beiden Wegen!).

VI. Capitel : Über die Schönheit und Herrlichkeit des Weges der Gerechtigkeit.

VII. Capitel : Über die Fortsetzung dieses Weges in den Heiligen von Anfang an bis auf uns.

VIII. Capitel : Über die Bedrängnisse und Kämpfe der Gerechten hienieden.

IX. Capitel : Über die Belohnungen der Gerechten im anderen Leben.

X. Capitel : Wie wir den Heiligen nacheifern können und sollen.

XI. Capitel: Von der entsetzlichen Traurigkeit des Weges der Sünde.

XII. Capitel: Von der Verwerfung jener, die auf diesem Wege wandeln.

XIII. Capitel: Von der endgültigen Bestrafung der Bösen.

XIV. Capitel: Warnung vor den „Heuchlern".

Dritter Tractat: Vom Ascetenleben im allgemeinen.

XV. Capitel: Von der Grösse und Vortrefflichkeit des Ascetentums.

XVI. Capitel: Von der wahren Art des Mönchstums und seinem himmlischen Lohne.

XVII. Capitel: Von dem Hauptbeispiele, der zeitgenössischen Büsserin Sherin [1]) f. 1^v ff.

Hier hat inzwischen der Text wieder eingesetzt, und so können von nun an die vollständigen Inhaltsüberschriften folgen:

---

f. 13^v. Vierter Tractat: Hinweis, wie man sich der Gottesfurcht (= Ascese) nähern soll. Er enthält 5 Capitel.

f. 13^v. XVIII. Capitel: Darüber, wie es sich geziemt, dass wir das Gegenwärtige mit dem Zukünftigen vergleichen und uns dann mit frohem Vertrauen an das erhabene Leben der Gerechtigkeit geben.

---

1) In dem ausführlichen Berichte über die „Gesegnete unter den Weibern" (s. o.), die grosse Ascetin und Büsserin Sherin, erzählt uns der Verfasser Folgendes aus seiner frühesten Jugendzeit. f. 2^v: „Besonders schlossen sich die Weiber an sie (Sherin) an, dieweil es für sie leichter war, zu ihr zu gelangen wegen der Gleichheit des Standes (Geschlechtes): Jene empfingen von ihr viele Förderung in Wort und Beispiel, sodass sie ihr nacheiferten, wie's immer nur anging. Dies zeigte sich auch an meiner gesegneten Mutter, die, von ihrem Anschauen entflammt und von Eifer, ihr nachzuahmen, entbrannt, nach Kräften ihr nachzustreben bemüht war: Und so spornte sie (weiter mich von meiner Kindheit her an, dass ich eine ähnliche Lebensweise wie die jener Frau mir erwählen sollte: Sie fürchtete nämlich sehr, ich möchte vielleicht in natürlicher Begier zur Welt abirren, und so pflegte sie denn beständig zu sagen: Mein Sohn, lieber sähe ich dich tot als lebendig, falls du dich — was Gott verhüte! — mit dieser Welt einlassen würdest, wie die übrigen Menschen. Und indem sie mich zu jener selig zu preisenden Frau des öfteren hinfuhrte — sie wohnte nämlich in unserer Ortschaft „Halamun von Beth Nuhadhre", vgl. Hoffmann, Auszüge aus syr. Acten pers. Märtyrer, Leipzig 1880, S. 215) — zog sie deren Segnungen auf mich herab, und durch ihr Beispiel und Wort waren ein immer grösseres Verlangen nach dem „vollkommnen Leben" in mein Herz gelegt und Tag für Tag gestärkt."

f. 17 ʳ. XIX. Capitel : Darüber, wie es sich gehört, dass wir im Streben nach diesem Wege der Vollkommenheit mit festem Vertrauen zu Gott hinzutreten, reinen und himmlischen Herzens, ja nicht irdisch verwirrten Sinnes.

f. 23 ᵛ. XX. Capitel : Über die Grösse und Herrlichkeit des beschaulichen vollkommnen Lebens; Erweis dafür an den Heiligen der Vorzeit, und wie es sich geziemt, dass auch wir nach solchen Beispielen das einsame Leben liebgewinnen.[1])

f. 29 ʳ. XXI. Capitel : Darüber, wie geeignet für die Anfänger das gemeinsame Leben, und wie nötig, dass vorerst die Einzelnen auf die Erfüllung aller Gebote hin erprobt werden, und dass dann erst das Einsiedlerleben[2]) freistehe.

f. 36 ʳ. XXII. Capitel : Über die vielen Kämpfe, die im Einsiedlerleben vorkommen, und wie man darin mit gehörigem Erfolge streitet.

f. 38 ᵛ. ZWEITER TEIL.

Ein Tractat : Anleitung zu den verschiedenen Tugenden.

I. Capitel : Recapitulation des ersten Teiles, Einleitung zum zweiten und Apologie des Verfassers gegen seine Tadler.

f. 41 ᵛ. II. Capitel : Vom festen Glauben und dem gesunden Bekenntnisse der Orthodoxie.[3]).

f. 47 ᵛ. III. Capitel : Von der geistigen Hoffnung.

f. 50 ᵛ. IV. Capitel : Von der vollkommnen Liebe gegen Gott und den Nächsten.

f. 58 ʳ. V. Capitel : Von der Weltflucht und der gänzlichen Entsagung.[4])

1, Als Liebhaber der Einsamkeit, des Stillschweigens, Betens und „der Wüste, welche die Jungfräulichkeit fördert", stellt der Verfasser eine Reihe alttestamentlicher Heiligen von Adam an bis auf den betenden Christus auf dem Ölberge dar, so Abraham nebst Isaak und Jakob, Moses, Elias, Johannes Baptista und andere Propheten.

2 Gleich im Anfange dieses Capitels f. 29ʳ wird der heil. Basilius zur Sache citiert.

3) Aus diesem Capitel erhellt klar und deutlich, dass der Verfasser mit voller Überzeugung und Begründung der Lehre der Concilien von Ephesus und Chalcedon folgt; s. u. S. 18 die Auszüge aus dieser schönen und lichten Abhandlung.

4 Bemerkenswert ist die hier f. 58ʳ eingeschobene Paraphrase des Vaterunsers, die also anhebt: „Vater unser, der im Himmel (ist), geheiliget werde dein Name: Deine Kinder nämlich sind wir (und , auf dich schauen

wir jederzeit. Nicht haben wir einen andern Vater (mehr) auf Erden, noch Geschlecht und Sippe in der Welt. Von dir kommt unsere Abstammung, da du unser Vater und Erlöser bist und dein Name währt) von Ewigkeit. Und haben wir uns auch dir entfremdet — in deinem Sohne Jesus hast du uns erlöst, dir nahe gebracht und zu seinen Brüdern und Miterben gemacht. Keine Erbschaft ist uns also mit den Kindern der Welt, keine Stätte, die bleibt, sondern die zukünftige, jene, die im Himmel ist, erwarten wir" u. s. w.

1) Siehe dieses Capitel unter den ausgewählten Stücken in Urtext und Übersetzung an erster Stelle: es enthält besonders viele Schriftcitate!

2) In diesem Abschnitte finden sich manche Beiträge zur christlichen Archäologie, aus denen wir Folgendes vorlegen: f. 74ʳ : „Zu jeder Zeit ist uns (zwar Wachsamkeit und Sammlung der Gedanken und vorsichtige Hut des Geistes vonnöten, besonders aber), wann wir vor (f. 74ᵛ) Gott zum geistigen Dienst (Liturgie dastehen und im Gebet geheimnisvoll zu seiner Majestät sprechen. Alsdann nämlich geziemt es sich vor allem), dass wir in gewissenhafter Wachsamkeit und voll Eifers dastehen und in mahnender Furcht erbeben" . . . . . . f. 75 ʳ. Die Engel verhüllen ihr Angesicht und rufen dreimal heilig der Dreifaltigkeit zu, um wie viel mehr müssen wir unwürdige Sünder beim heiligen „Dienste" im Staube niederfallen. f. 77ᵛ : „Ich zittere aber, wenn ich zu sprechen komme auf jenes Letzte, das schlimmer ist als alles andere), was die Bösewichte thun : Viele nämlich sind sogar verwegen in jener furchtbaren Stunde, welche die rebellischen Dämonen in Schrecken setzt, ich meine aber die Stunde des Lebens, wo die göttlichen und schrecklichen „Geheimnisse" (räzĕ = heiliges Messopfer. vollendet werden, da die Engel und Erzengel geschäftig sind um den Altar in Furcht und Zittern, wo Christus geopfert wird und der (heilige) Geist brütet. Jene nun laufen (alsdann) bald aus, bald ein, je nach ihrer Laune, voll Missachtung stehn sie da, wie von grosser Beschwer gähnen sie, es fällt ihnen schwer, sich aufrecht zu halten, und zur Zeit der grossen Fürbitte des Priesters für sie thut's ihnen tiefer Schlaf in ihrer Trägheit an . . . . . Und sobald sie das lebendige Geheimnis empfangen haben, eilen sie hurtig von dannen und laufen davon, bevor noch die allgemeine Danksagung abgehalten ist. . . ." f. 78ʳ : „Nun aber, o Menschenkind, weisst du denn eigentlich, was du thust, und wem du ähnlich bist!?... Ähnlichkeit mit Judas zeigt nämlich, wer vor der letzten Danksagung des Priesters den geistigen Tisch der „Geheimnisse" verlässt und weggeht. Denn ebenso machte es auch jener : Nachdem er (nämlich) das Brot empfangen hatte, da ging er davon und verachtete (so) seinen Herrn und seine Genossen . . . und da nun auch noch Satan in ihn fuhr, ward er zum Verräter. Die Apostel aber blieben bei ihrem Meister und gingen mit ihm hinaus zum Ölberge. In diesem Typus nun ist auch die letzte Danksagung nach den „Geheimnissen". . . . . . Um wie viel mehr also als bei irdischen Mahlzeiten) ist verpflichtet, zu loben und zu preisen ohne Ende, wer am Tische des Lebens mit dem unvergänglichen Leibe und Blute Christi gespeist wird. Kommt es dir schwer an, o Menschenkind, jenem mit Worten zu vergelten, der dir seinen Leib zur Speise und sein Blut zum Tranke gegeben hat : Der ist geschlachtet und dir vorgelegt auf dem Altare zu deiner Erquickung und zur Erlösung deines Lebens — und du schweifst nach aussen und kümmerst dich nicht um ihn, zumal in deinem Herzen, und nicht vielmehr liegst du an mit Bitten, stellst dich vor ihn und trägst ihm wie dem, der nahe ist, deine

f. 134ᵛ. Die Briefe desselben heil. Martyrius an seine Freunde-Einsiedler.

Erster Brief, geschrieben an einen Bruder (Gabriel), der sein Kloster verlassen wollte.

f. 139ʳ. Zweiter Brief, gerichtet an einen Bruder (Barshabba), der vom Autor wissen wollte, wo er weile, um zu ihm zu kommen.²)

f. 141ʳ. Dritter Brief, an denselben, mit der Mahnung, die „Brüder" zu lieben und von den Reichen fernzubleiben.

f. 142ʳ. Vierter Brief, an einen Bruder, der von seinem Gelübde abgefallen war.

Anliegen vor. Denn mehr als zu allen anderen Zeiten nimmt er deine Bitten an in jener Stunde der Opferung, die deinetwegen (sich vollzieht, denn in ihr erflehte er auch damals für seine Kreuziger Vergebung vom Vater. Denn deswegen hat er sich geopfert, um unsere Sünden nachzulassen : Für unser und der ganzen Welt Leben hat er seinen heiligen Leib gebrochen und zur Vergebung der Sünden sein kostbares Blut vergossen." Am Rande f. 78ʳ hat der Schreiber beigefügt: „Deinen Leib, o Herr, hast du in unsern Leib hineingethan.")

f. 79ᵛ bezw. f. 80ᵛ werden die hheil. Johannes Chrysostomus und Gregorius Theologus bezüglich des Betens und Psalmodierens citiert.

f. 81ʳ. „Bis auf den heutigen Tag schlafen in den Kirchen der Rhomäer (Griechen) die Gläubigen die Nacht zum Sonntag nicht, sondern die ganze Nacht hindurch wachen sie im Gebete, im „Dienste" und in der „Lesung." Der Verfasser erinnert hier bei dem Vigilgottesdienste an Act. 20, 9—12, wo Paulus den durch einen Fall zu Tode gekommenen Eutychos wiedererweckte, und man die ganze Nacht hindurch mit „Lobpreis" und „Mysterien" feierte, bis der Morgen anbrach.)

1) In dem Schlussgebete an Jesus giebt der Verfasser mit aller Bestimmtheit sein derzeitiges Alter an: f. 132ʳ : „Denn siehe, 28 Jahre lang liege ich (schon in der Krankheit des sündigen Fleisches." f. 132ᵛ : „Siehe, 28 Jahre sind es schon, dass ich kenne Gute und Böse." „Denn siehe, 4 Jahrwochen sind's, dass ich mitten im verderbten Fleische gefesselt bin."

2 Siehe diesen Brief unter den ausgewählten Stücken in Urtext und Übersetzung an zweiter Stelle.

f. 165ʳ. Fünfter Brief, an jemand (Johannes), der vom Verfasser wissen wollte, worin das vollkommne, beschauliche Leben
bestehe.
    f. 170ᵛ. Kurze Weisheitssprüche desselben hochwürdigsten
Martyrius über die geistige Wissenschaft. [1] — Mit dem 6. Spruch
bricht der Codex ab (s. o.).

I. CAPITEL.

Martyrius-Sahdona's Leben und Katholizismus.

Es erhebt sich die Frage, wer ist Martyrius, dessen Werke
unsere Handschrift enthält, wann und wo hat er gelebt, welche
Rolle hat er gespielt? Alle Nachforschungen und Studien hierüber blieben erfolglos, bis eine syrisch-nestorianische Handschrift,
die wir im verflossenen Jahre von P. Samuel Djemil, einem „Chaldäer", zu Rom erwarben — sie ist jetzt ebenfalls auf der Strassburger Universitätsbibliothek —, mit einem Schlage alle Rätsel
löste. Nach ihr ist nämlich unser Martyrius identisch mit dem
berühmten Bischof Sahdona von Mahoze dhArewan aus der ersten
Hälfte des 7. Jahrhunderts, vgl. Assemani, B. O. III, 1. S. 453 bis
54 und sonst öfters; ferner Wright, Syr. Lit. in der Encyclopaedia
Brit., Vol. XXII, S. 842. Da diese Handschrift, welche die kurzen
Lebensbeschreibungen (140) der nestorianischen Klostergründer,
ascetischen Schriftsteller und hervorragenden Bischöfe enthält,
inzwischen von dem rastlosen französischen Syrologen Abbé
Chabot nach einer After-Copie auf der Pariser Nationalbibliothek
veröffentlicht worden ist, möge es hier genügen, auf diese Publi-
cation [2] für die Einzelheiten und das Folgende zu verweisen: Sie

---

1, Siehe die 6. Weisheitssprüche ebendort an dritter Stelle.
2 Leider ist die Ausgabe ein wenig übereilt, so heisst Martyrius (der
Apostat!) hier der heil. Tyris (Mar-Tyris). Doch dieser Fehler ist schon
alt und landläufig: Nach Assemani B. O. III, 1. S. 31) hat Theodor von
Mopsuestia seinen Zwölfprophetencommentar einem heil. Tyrius (Mar Tyrius
gewidmet; es muss natürlich heissen „Martyrius". Bei Bar Bahlul (ed. R.
Duval, S. 1156 · Z. 7—8, do. Payne-Smith im Thes. II., S. 2225 — Z. 4) steht
zu lesen: Mar Tyrius — Bar Sahde, er wird auch noch Martertum (!) genannt; man verbessere:Martyrius = Bar Sahde, er heisst auch noch Sahdona.

lautet „Le livre de la chasteté, composé par Jésusdenah, évêque de Baçrah, publié et traduit par J.-B. Chabot, Rome 1896." [1]) In diesem „Buche der Enthaltsamkeit" findet sich nun an

---

1) Die kurze Lebensbeschreibung des „Buches der Enthaltsamkeit" dürfte wohl nur ein Auszug aus dem sog. „Paradies der orientalischen Mönche", von Joseph Hazzaja (cf. B. O. III., 1. p. 100—102, Wright. l. c. p. 838, Chabot l. c. Nr. 125) sein, nach dem Fingerzeig, den Bar Bahlul (l. c.) giebt, dass er nämlich seine Notiz „Martyrius-Sahdona" aus dem „Paradies-buche" habe. Eine andere, ebenfalls zeitgenössische ‚vita' war enthalten in der ‚historia monastica' des Mönches Bar'idta aus dem Çelibha- oder Kreuz-Kloster bei Heghla am Tigris — dieser ist wohl zu unterscheiden von dem viel älteren Klosterstifter Bar'idta, der keine Werke hinterlassen hat cf. Chabot, l. c. Nr. 10; Assemani B. O. III, 1. p. 458 und Wright, der ihn verbessern will, l. c., p. 838, sind hier beide im Irrtum!). Auf dem Berichte Bar'idta's beruhen dann die Angaben bei Thomas von Marga, vgl. Budge, l. c., I, pp. LXXXVII ff. I, S. 61—62, 71—73, bezw. II, S. 110—112, 129 —130. Hier erfährt man, dass Martyrius-Sahdona auch die berühmte Schule von Nisibis besucht, dass er weiter noch einige andere Werke ver-fasst hat als die, welche in der Strassburger Handschrift enthalten sind, z. B. eine Mönchsgeschichte, oder allem das Leben seines Altmeisters, des berühmten Rabban Jakob von Beth'Abhe. enthielt, ein paar Leichenreden, darunter insbesondere die auf denselben Jakob; sie begann also : „Geliebte, ein grosses Haupt ist heute unter uns gefallen durch die Hand des Todes", „aus ihr könne jeder Leser schon von selbst ersehen die erhabene Art des Verfassers, zu denken, die Kraft seiner Rede und das Genie in seinen Com-positionen". Thomas von Marga ist es ferner, der die interessante That-sache berichtet, dass unser Autor auch ein Mitglied jener Friedensgesandt-schaft war, die nach der Katastrophe Khosrau's aus Persien zum Kaiser Heraklius ging, vgl. Nœldeke, die von Guidi herausgegebene syr. Chronik, Wien 1893, S. 32—33. Barhebraeus, Chronic. eccles. (ed. Lamy.), p. 115 bis 116 : Barsauma, Nisae eppus, ad Jesujabum II ex legatione reversum : „nisi tria ecclesiae luminaria, Diodorum videlicet, Theodorum et Nestorium ana-themate affecisses et Cyrillum suscepisses, eamque vocem : Deipara Maria! protulisses, minime permisissent tibi Graeci, ut ad ipsorum altare sacrificium offerres". Die Nestorianer commemorierten ihren Patriarchen schon nicht mehr! vgl. l. c. p. 113—114. Weniger glaubwürdig ist jedoch die einfältige, nestorianisch-parteiische Legende desselben Thomas, dass Martyrius-Sahdona in einem Kloster der Damascene zum Katholizismus ‚behext' worden sei : Er hegte schon längst solche Gesinnungen, wie denn stets ein katholisierender Zug von Alters her durch die nestorianische Kirche ging, dem dann in und mit Martyrius-Sahdona ein gewaltsames Ende bereitet wurde. Dies verraten die Briefe, von denen jetzt die Rede sein wird. Eine besonders wertvolle Quelle, die leider sehr parteiisch getrübt ist, fliesst uns in einer Reihe von Briefen des schon erwähnten Katholikos Ishôjabh III. von Adiabene, die unter verschiedener Adresse gegen seinen früheren Jugend- und Studienfreund, späteren Todfeind Martyrius-Sahdona gerichtet sind. Fünf dieser (7-8) Briefe liegen nunmehr vollständig gedruckt vor bei Budge, l. c. II, S. 132 ff. (cf. I, p. LXXXIX sq.), nachdem bereits Assemani B. O. III, 1, p. 116 sq. u. 137 sq. die wichtigsten Abschnitte daraus veröffentlicht hatte. Die (chronologische?) Reihenfolge der Briefe ist nach Assemani B. O. III, 1, p. 142—143 diese :
Briefe, die Ishôjabh als Metropolit (von Arbela` verfasste :
Nr. 6. An die Cleriker und Laien der Kirche von Mahoze dhArewan über ihren Bischof Sahdona, vgl. B. O. III, 1. p. 116—118 u. 137 und Budge, l. c. S. 132—136, resp. I, p. LXXXIX—XCV. In diesem Briefe werden die

127. Stelle folgende kurze, aber sehr wichtige Lebensbeschreibung Martyrius-Sahdona's (vgl. Chabot, l. c. S. 56—57, bezw. 67—69, m. m.) :

Sahdona, Bischof von Mahoze dhArewan, d. i. Martyrius, auch noch Bar Sahde genannt. Er war aus der Ortschaft Halamun (Halmon) in Beth Nuhadhre (und) wurde unterrichtet in der Schule Mar Aitallaha's. Als er vernahm, dass Mar Jakob das Kloster Mar Abraham's auf dem Berge Izala verlassen und sich daran gegeben hätte, ein eigenes Kloster in Marga zu bauen, da ging er zu jenem und ward sein Schüler. Es schloss sich ihm auch noch im Kloster von Marga der selige Qamishô an, der in hohem Alter mit den Brüdern das Kloster in Saphsapha im Gebirge von Haphton gründete.[1])

Diözesanen von Mahoze dhArewan gegen ihren „apostasierten" Bischof aufs kräftigste aufgehetzt; auch heisst es hier ausdrücklich, dass Martyrius-Sahdona schon längst insgeheim „abgefallen", d. h. zum Katholizismus übergetreten sei, und dass er nur sein Bistum übernommen, ja vordem ein grösseres erstrebt habe (Adiabene!), um seine „satanische Saat", d. i. den katholischen Glauben überall auszustreuen. Dabei wird die nestorianische Zwei-Personen-lehre, „an der so viele zweifelten und zweifeln", aufs eifrigste verteidigt.

Nr. 7. An Mar Sahda, „unsern lieben Bruder", Bischof von Mahoze dhArewan, vgl. B. O. III, 1. p. 118 u. 138 und Budge, l. c. II, S. 136—140. Dieser Brief ist von ähnlicher Tendenz wie der vorige; als interessante Neuigkeit erfahren wir jedoch, dass schon ehemals Esa'ja von Tahal genau dieselben häretischen Lehren vorgetragen und verbreitet habe und seinerzeit von dem Manne Gottes Mar Hnanishô widerlegt worden sei. Diese „Wider-legungsschrift" des Mar Hnanishô (vgl. Chabot, l. c. Nr. 21) ist uns im Ber-liner Ms. Petermann 9 fol. 180ᵛ —182ʳ erhalten: sie ist in der Überschrift gegen die „Chalcedonenser", also die Katholiken gerichtet, wie denn auch der ganze Inhalt dies bestätigt! (vgl. G. Hoffmann, Auszüge S. 118, Nr. 1059.)

Nr. 21. An den Bischof Bar-Sauma (unveröffentlicht). Ein Glückwunsch-schreiben über die Vertreibung der Häretiker aus dem Orient in den Occi-dent. Damit sei der von den Nestorianern nach Edessa vertriebene Sahdona gemeint Assemani).

Nr. 28—29. An den Bischof Hormizd von Beth Laphat zwei Briefe be-treffend Sahdona, vgl. B. O. III, 1. p. 118—119 und Budge, l. c. II, S. 140 bis 143. Warnungsschreiben gegen die Wiederaufnahme Sahdona's nach seiner Vertreibung aus Edessa.

Nr. 30. An die Bischöfe von Beth Garmai, betreffend Sahdona, vgl. B. O. III, 1. p. 119—123 und Budge, l. c. II, S. 144—147. Dieser Brief ist ebenfalls wie die beiden vorigen gegen die Wiederaufnahme Sahdona's ge-richtet, der achtmal Reue gezeigt habe, aber ebenso oft zu seiner alten „Gott-losigkeit" wieder zurückgekehrt sei! Aus den Briefen, die Ishôjabh als Katho-likos verfasste :

Nr. 5. An Brikhoï über die Leute von Mahoze, die Sahdona „verführt", d. h. katholisiert hatte unveröffentlicht). Dieser Brief war ursprünglich per-sisch abgefasst.

1 Vgl. Chabot, l. c. Nr. 89 (— auch hier muss es statt Mar Tyris Martyrius lauten —) und Budge, l. c. I, S. 76, bezw. II, S. 150. Der neue Klosterort selbst hiess Herpa, s. Hoffmann, a. a. O., S. 226.

Mar Jakob gab ihnen den Mönchshabit (CXIIMA, cf. Eu-
cholog. magn., Rom. 1873, p. 234 sqq., 246—47) und er setzte
Qamishó über den Bau des Klosters, während er Martyrius zum
Assistenten machte. Dann widmete sich letzterer der Ascese und
der Beschaulichkeit und verfasste ein Werk über das Mönchsleben. Darauf verhalf ihm Ishójabh von Arbel (a) zum Bistum von
Maḥoze dhArewan in Beth-Garmai. Hier litt er Schiffbruch am
orthodoxen Glauben (Nestorianismus!). Da nun Mar Ishójabh, Metropolit von Ḥedhaijabh (Adiabene), davon erfuhr, schrieb er, weil
er ihn liebte, (also) an ihn: „Lass ab von dieser deiner Gesinnung!" Aber er hörte nicht auf die Worte Mar Ishójabh's. Da ver-
sammelten sich die Väter beim Katholikos Maremmeh, excommu-
nicirten Martyrius-Sahdona, zerrissen das von ihm aufgestellte
Glaubensbekenntnis und machten an seiner Statt Mar Sabha zum
Bischof. Jener ging nun weg und liess sich im Gebirge nieder.
Weil er (aber) keine Ruhe im Herzen fand, kehrte er alsbald zu
Sabhrishó, dem Metropoliten von Beth Garmai, zurück und gestand
seine Unbesonnenheit ein. Allein, er harrte nicht aus in dieser
Gesinnung, sondern er machte sich auf zum Griechenkaiser Hera-
clius, der damals (gerade) nach Jerusalem gekommen war. Zu
diesem sprach er: „Ich werde verfolgt von den orientalischen
Bischöfen wegen des wahren Glaubens, an dem ich festhalte."
Hierauf gab er seine Glaubenserklärung in der Kirche ab und
verfluchte die „heiligen" Diodor und Genossen.[1] Alsdann ward er auf

---

[1) „Diodor und Genossen", auch „die griechischen Lehrer" genannt,
sind bei den Nestorianern Diodor von Tarsus, Theodor von Mopsuestia und
Nestorius. Die nestorianische Kirche feiert sie am fünften Freitag nach Epi-
phanie mit einem interessanten Officium, das mit einigen Abkürzungen und
Modificationen von Bedjan, Breviarium chaldaicum, tomus I, p. 477—492 veröffentlicht worden ist. (Durch die Umschreibung auf die hheil. Basilius, Gregorius Theologus und Johannes Chrysostomus will allerdings manches nicht
mehr so recht passen. — Es ist auffallend, dass sich von den in jenem
Officium und sonst (B. O. III, 1. pp. 28 – 36 viel gepriesenen Schriften dieser
nestorianischen Kirchenlehrer selbst bei ihren syrischen Anhängern so wenig
erhalten zu haben scheint, doch ist es uns jüngsthin gelungen, bei den per-
sischen Nestorianern das Hauptwerk des Nestorius, das „Buch", besser gesagt den „Handel des Heraclides" (B. O. III, 1. p. 36) zu entdecken und in
Abschrift der Strassburger Universitätsbibliothek zu gewinnen. In der Einleitung dieser umfangreichen Schrift ist die Rede davon, dass der Verfasser
als Verfehmter und Verbannter seine Werke nur pseudonym verbreiten und
seinen Anhängern zugänglich machen könne. Dann folgt der erste Haupt-
abschnitt: er enthält gewissermassen als Rechtfertigung in Dialogform eine
Bekämpfung der frühern Häresieen. Der zweite Hauptteil ist der Bekämpfung
Cyrill's gewidmet unter Beifügung vieler wichtigen Documente im Auszuge.

kaiserlichen Befehl zum Bischof von Edessa eingesetzt.[1]) Nachdem er aber nur ganz kurze Zeit das Hirtenamt über Edessa geführt hatte, wurden seine Erwartungen getäuscht: Es gingen nämlich gewisse Leute zum Kaiser und zeugten wider ihn, dass er den Glauben der Anhänger Diodor's hege. Da gab der Kaiser Befehl, und man verjagte ihn aus Edessa. Nun ging er zum Katholikos Maremmeh und bat um Verzeihung. Dieweil nun Martyrius-Sahdona ein Mann der „Enthaltsamkeit" und von allweg tugendhaftem Wandel war, liess sich der Katholikos Maremmeh herbei, den Sahdona in seinen (ersten) Bischofssitz — der selige Mar Sabba war inzwischen im Herrn entschlafen — wieder einzusetzen. Da dies Mar Ishôjabh von Arbel(a) zu Ohren kam, schrieb er an

---

1 Das geschah um die Jahreswende 629—630. Heraclius hatte nämlich bei seinem Einzuge in Edessa nach der Überwindung der Perser, im J. 628 mit der dort herrschenden Monophysitenpartei pactieren wollen, was ihm jedoch schlecht bekommen sollte. Hören wir hierüber die Chronik des monophysitischen Patriarchen Michael I. (1166—1199), vgl. armen. Ausgabe, Jerusalem 1871, S. 298—299: „Und Heraclius kam gen Edessa, da zog ihm eine grosse Menge von Geistlichen entgegen samt den Mönchen des Berges von Edessa: ihre Zahl soll sich auf 90,000(!) belaufen haben. Bei ihrem Anblick staunte Heraclius ob der Menge, und er neigte vor ihnen sein Antlitz zur Erde. Wie er erfuhr, dass sie das Concil von Chalcedon nicht anerkännten, sprach er: „Es geziemt sich nicht, dass wir uns fernhalten von den Gebeten einer solchen Mehrzahl wegen des Conciles von Chalcedon." Und so begab er sich am Weihnachtsfeste in die Hagia-Sophia-Kirche der Orthodoxen (= Monophysiten) und ehrte gar sehr die Priester mit Gaben. Und zur Zeit der Communion trat er hinzu, um zu communizieren, doch der Erzbischof Esaia hielt ihn zurück mit den Worten: „Vorerst verfluche das Chalcedonense und den Tomar (= TOMOC) Leo's." Da geriet der Kaiser in Zorn ob dieser Rede, nahm den Rechtgläubigen die Kirche und gab sie den Chalcedonensern (= Katholiken'. — „Und danach kam er gen Edessa, da ging ihm eine Menge von Geistlichen entgegen: Denn die Mönche des Gebirges zogen ihm entgegen und mischten sich unter die Bewohner der Stadt, deren Zahl 90,000 betrug. Das flösste dem Kaiser Respect ein und demütiglich verneigte er sich gar tief vor den Hochwürdigen, wobei er sagte: „Es ist nicht recht, dass wir uns der Gebete jener unteilhaftig machen, obgleich sie in „die eine Natur" verrarrt sind". Sein Einzug in die Stadt geschah aber ums Weihnachtsfest. Er begab sich zur heil. Sophia (= Kirche) und brachte der Kirche und den Priestern seine Geschenke dar. Und zur Zeit der Liturgie verlangte er zu kommunizieren. Da sagte der Erzbischof Esaia zu ihm: „Vorerst verfluche den Tomar (= TOMOC) Leo's und das Concil von Chalcedon." Da ergrimmte der Kaiser, nahm den Kirchenschlüssel und ging. Nach der Liturgie aber liess er sie (die Monophysiten) hinauswerfen und gab (die Kirche) den Chalcedonensern (Katholiken." So in der früheren Ausgabe, S. 316—317, Jerusalem 1870; vgl. Dashian, Catalog der armen. Handschriften in Wien (Mechitharisten), S. 58, Nr. 91. Nachdem dann Heraclius in Edessa überwintert hatte, kam er in langsamem Zuge über Antiochien nach Jerusalem, wo am 14. September 629 die grossen Festlichkeiten der „Kreuzeserhöhung" begannen. Hier fand sich denn bald darauf Martyrius-Sahdona ein und erhielt das erledigte Bistum Edessa.

Maremmeh einen Brief folgenden Inhalts : „Kein anderer als Satan
hat Sahdona aus dem Griechenlande zurückgebracht und offenbar
zu euch geführt; hat er doch das Doppelbuch bei sich, das er gegen
unsern Glauben und unser Bekenntnis verfertigt hat." Als sie
den Brief gelesen hatten, standen sie davon ab, den Martyrius-
Sahdona in die Kirche wieder aufzunehmen. Der weilte nicht
länger, sondern traurig und betrübt kehrte er nach Edessa zurück
und liess sich in einer Höhle im Gebirge nieder. Es wird aber
gesagt, dass er seine häretische Gesinnung verabscheut habe und
zur Wahrheit zurückgekehrt sei. Als Sahdona aus der Kirche
ausgestossen worden war, ging Gabriel, der Klosterobere von
Beth'Ablie zu ihm nach Edessa, wie er es in seinen Schriften be-
zeugt : „Zu der Zeit, wo Sahdona aus der Kirche ausgestossen
wurde, da entbrannte ich, Gabriel, im glühenden Eifer meiner
Seele, ich ging nach Edessa zu ihm, disputierte mit ihm und machte
ihn zu Schanden."[1])

Bezüglich der Bekehrung Martyrius-Sahdona's konnte Wright
(l. c. S. 842, Anmerk. 33) gegen Assemani allenfalls noch schreiben : „We cannot see that Assemani has any ground for asserting
that Sahdona was converted „ab erroribus Nestorianis ad Catho-
licam veritatem" (B. O. III, 1, 107, col. 1; comp. col. 2, ll.
10—12, and p. 120, col. 2, ll. 11—13). Wenn jedoch Budge
noch weiter gehen zu müssen glaubt und geradezu von „the con-
version of Sahdona, Bishop of Ariwan in Beth Garmai, to the
opinion of the Jacobites and to the Monophysite doc-
trine" spricht (a. a. O. I, p. LXXXVII, doch vgl. l. 9 „certain
Jacobite monastery" mit II, S. 129, l. 1—2 „a monastery of
heretics — not necessarily Jacobites"!), so ist dies nach seiner
Herausgabe des vollständigen Textes jener fünf Briefe Ishdjabh's
über Sahdona weder zu erklären noch zu begreifen. So heisst
es, um nur eines von vielem herauszunehmen, irgendwo im ersten
Briefe (Budge, l. c. II, S. 135, resp. I, p. XCIII) : „Denn, dass

---

1 Vgl. Budge, l. c. I, S. 91, bezw. II, S. 212, wo sich dieselben Worte,
aber etwas bescheidener gefasst, wiederfinden : „ . . . . . . ich ging nach
Edessa zu ihm," — und da disputierte er mit ihm, und er machte ihn zu
Schanden. Dieser Gabriel (Tauretha, vgl. Wright, a. a. O. S. 843 ist viel-
leicht identisch mit dem Adressaten des ersten der fünf Briefe Martyrius-
Sahdona's, s. oben S. 11.

eine Person (— wie Sahdona annimmt —) notwendiger Weise
zu einer Natur (— also zum Monophysitismus! —) hinführt,
wisst ihr (Nestorianer) alle als von Gott belehrte, obwohl jener
Dummkopf (= Sahdona) eifert, daran sei gar nicht zu denken."
Doch lassen wir Martyrius-Sahdona selbst ein wenig seinen
katholischen Standpunkt vertreten und erklären, vgl. die Strassb.
Handschrift f. 46ᵛ —47ᵛ „vom festen Glauben und dem gesunden
Bekenntnisse der Orthodoxie : f. 44ʳ „Diese Natur unserer Mensch-
heit also (f. 44ᵛ) hat Gott-Logos in übernatürlicher Weise von
Anfang ihrer Bildung an (durch die Engelsbotschaft in der Jungfrau Maria ohne Mannessamen) bis in Ewigkeit mit sich vereinigt,
zu einer Person (qnômâ) und Erscheinung (parsôpâ) hat er sie
mit sich verbunden in wunderbarer, unaussprechlicher Einheit"......
„Und eine ist die Person des Sohnes, nicht zwei! Zwei (sind's)
wohl der Natur nach, Gott und Mensch, einer aber (ist's) der
(Gottes-) Sohnschaft nach! Der Naturen (sind) freilich zwei, die
sich unterscheiden nach ihren Eigentümlichkeiten, die Person jedoch
(ist) eine und von gleicher (Gottes-) Sohnschaft." 45ᵃ „Und eine
Person des Herrn Christus macht aus eben der Gottes- und Men-
schensohn, so jedoch, dass die vollkommne göttliche und vollkommne menschliche Natur — eben in der einen (göttlichen)
Sohnesperson wegen der Einheit — gewahrt bleiben in ihren
Eigentümlichkeiten ohne Trennung, aber auch ohne Verwirrung,
von der Verkündigung (des Engels) an bis in Ewigkeit" ......
„Auch das müssen wir uns einprägen, dass eben die eine Person
Christi, wie sehr sie auch als Einheit aufzufassen ist, doch ja
nicht als eine Wesenheit aufgefasst werden darf, die sich aus
den beiden Naturen zusammensetzte" (gegen die Monophysiten!).
f. 45ᵇ „Weil nämlich Gott-Logos in seiner Natur und in seiner
Person sich mit dem Menschen (= menschl. Natur) vereinigt hat
und Mensch geworden ist, so muss er gemäss seiner (göttl.)
Person im Menschen als zu grunde liegend gedacht werden, und
weil der Mensch hinwiederum nur seiner Natur nach wahrhaft
mit Gott vereinigt und vergöttlicht wurde, so ist er in der göttlichen Person als (nunmehr) in seiner eigenen zu prädizieren."
f. 46ʳ „So glaube denn auch du mit der (Christen-) Welt, ohne
zu grübeln über das Geheimnis (der einen Person in zwei Naturen).
Solltest du aber weiter darüber grübeln, wie Gott und Mensch
zwei Naturen in einer Person, ohne dass die eine die beiden zu

nichte macht, noch die beiden die eine, dann begrübele zuerst
das Folgende von dir selbst, wie (f. 46ᵛ) du nämlich aus Leib und
Seele, also aus zwei Naturen in einer Person, bestehest, indem
die eine die beiden anderen nicht aufhebt, noch die beiden die
eine, wie das Geistige und Ungeistige ein Geistiges, wie das
Sterbliche und Unsterbliche ein Sterbliches ausmachen, wie die
Kräfte der Seele mit denen des Leibes verwoben sind, ohne einander zu verwirren, wie die körperliche Stimme und das geistige
Denken eine Rede, wie das Streben der Glieder und die Ent-
scheidung der Vernunft ein discretes Handeln bilden. Wenn du
also nicht imstande bist, das Geheimnis deiner eigenen natürlichen
Einheit zu erkennen, wie nämlich Vereinigtes sich sondert und
Gesondertes sich einigt, wie willst du dann das Geheimnis der
göttlichen Einigung des Sohnes erforschen!" ...... „Lassen wir
es uns also nicht einfallen, daran unsere Verwegenheit zu üben
über das hinaus, was uns in der Schrift von den Aposteln durch
den heil. Geist berichtet ist, und worüber wir von den Lehrern
nach ihnen aufgeklärt worden sind, nämlich dass Gott Wort und
Mensch aus unserem Geschlechte — (ist) in zwei wahrhaft un-
versehrten und vollkommnen Naturen, durch unaussprechliche
Einheit eine Person des Sohnes und Herrn, des Gottes Christus
über Alles, Amen."

Anmerkung.

Der dogmengeschichtlich höchst interessante und wichtige Tractat
„vom wahren Glauben" in der Strassburger Handschrift, aus dem das Vor-
stehende entnommen ist, ist wohl einer besonderen Bearbeitung wert, zumal
auch wegen der zahlreichen philosophisch-theologischen termini technici,
die mit grossem Geschick den griechischen nachgebildet sind. Überhaupt
decken sich die theologischen und ascetischen Ansichten Martyrius-Sahdona's
genau mit denen der Väter aus den grossen Klöstern (Lauren) der Damascene und Jerusalems, wohin ja auch Thomas von Marga (II, 6) die
„Behexung" des nestorianischen Bischofs verlegt! Daneben halte man noch
den vierten Canon für die jungen Mönche der Theologieschule von Nisibis,
der es diesen moralisch verbietet, in das „Rhomäergebiet" zu gehen, um
dort unter anderem zu „studieren" oder zu „beten", d. h. die hh. Orte
und berühmten Klöster zu besuchen (vgl. Guidi, gli statuti della scuola di
Nisibi, Giornale della Società Asiat. Ital. IV, S. 183—84. Auch darauf mag
noch hingewiesen werden, dass unser Codex aus dem Sinaikloster herstammt
(vgl. Z. D. M. G., Bd. LI, S. 453; unsere Handschrift ist die dritte im Bunde).
das als solches mit seiner Einrichtung und Wissenschaft nur ein neuer
Abzweig (unter Justinian) der berühmten Jerusalemklöster war, cf. Pococke,
annales Eutychii, Oxford 1658, II, p. 160—68; dahin zielt endlich deutlich
die giftige Bemerkung Ishôjabhs: (Gott verschlug den Sahdona), nämlich in
die Gegend der Häretiker, wo er sich dem Ba'al pe'or weihte....!
(Budge, l. c. II, S. 145 Z. 8—9.)

Die in Rede stehende Abhandlung selbst zerfällt in zwei grössere
Abschnitte: während der letztere, oben verwertete, von der göttlichen
„Ökonomie" (medhabhrânûthâ — diese wichtige und häufige Wortbedeutung
fehlt meist in den Wörterbüchern; Budge, I. c. I, p. XCIII, l. 29 übersetzt
unrichtig „government"; vgl. noch Klee, Dogmengeschichte II, S. 7—8 —',
d. i. von der „Menschwerdung" handelt, wird im ersten Abschnitte die
Trinitätslehre entwickelt. Es braucht bei dieser Gelegenheit wohl kaum
mehr besonders betont zu werden, dass Martyrius-Sahdona als Orientale
das ‚filioque' im Symbolum nicht kennt, noch damit theologisiert, vgl.
fol. 43ᵇ „dem heil. Geiste, dem Lebendigen und Lebendigmacher, der vom
Vater ausgeht". Zwar hat sich Lamy (Conc. Seleuciae et Ctesiphontis,
habitum anno 410, Lovanii 1868. p. 2 et 30 sqq.) seiner Zeit gerühmt, das
‚filioque' im Glaubenscanon der ersten ostsyrischen Generalsynode glücklich
gefunden zu haben, allein die zu Grunde liegende Pariser Handschrift ist
eine spätere, ungeschickte maronitische Compilation aus nestorianischen und
monophysitischen Synodalbüchern — in der Propagandabibliothek existiert
übrigens ein ähnlicher Codex, der, wie der Pariser, mit der ‚Didascalia
Apostolorum' beginnt —, und die ächten Synodalacten, wie sie in den
beiden grossen nestorianischen Conciliensammlungen zu Rom (Propaganda)
und Paris (Bibl. Nat.) vorliegen, enthalten das ‚filioque' nicht. Hier heisst
es vielmehr nizänisch kurz : „und (wir glauben) an den heil. Geist",
während es in den nestorianischen Liturgieen und Offizien konstantino-
politanisch erweitert lautet : „und an einen heil. Geist, den Geist der
Wahrheit, der vom Vater ausgeht, den Geist Lebendigmacher"; vgl.
Brightman, Liturgies Eastern (and Western), Oxford 1896, I, S. 271,
Z. 3—5 und Maclean, East Syrian Daily Offices, London 1894, S. 22—23.
— Dagegen haben wir das ‚filioque' in den (koptisch-arabischen) Akten
der vom heil. Athanasius in Alexandrien 362 abgehaltenen Synode gefunden,
es heisst nämlich in dem Pariser arab. Ms. nᵒ 239 (a. f. 149, vgl. Revillout,
Le Concile de Nicée, etc., Dissertation critique, Paris 1881, S. 108, Anm. 1),
f. 19ʳ: und der heil. Geist, der Eine, der vom Vater und vom Sohne
ausgeht, der Lebensspender, und er ist über Alles und in Allem!
Nebenbei sei auch noch dies zur Sprache gebracht, dass eine andere,
spätere Synode im fernen Osten und zwar die von Shirakavan im Jahr 862
den Armeniern wirklich das ‚filioque' auf Umwegen bringen sollte, und
dies — man staune — auf Betreiben des Photius! (vgl. Klee, a. a. O. I,
S. 219, Anm. 6₁₁. Tshamtshean, Hist. Arm. II, p. 686, can. I „.... und der
heil. Geist aus ihrer (Vaters und Sohnes) nämlichen Wesenheit", doch
der Unionsversuch des Photius und die Canones seiner Abgesandten fielen
ins Wasser (cf. Bischof Abel, Geschichte der armen. Concilien [armen.],
Valarshapat 1874, S. 101—102).

In allen solchen Dingen muss man eben das zähe Festhalten der
Orientalen am Althergebrachten und altkirchlich fixierten berücksichtigen.
Sehr klug handelte und sprach daher schon Papst Leo III. im Jahr 810
bezüglich unserer Frage (vgl. Hefele, Conciliengesch. [2 Aufl.] III,
S. 751—54, Denzinger, Enchiridion [5. Aufl.] p. 46, Anm. 1), und sehr
weise ist in unseren Tagen in der römischen amtlichen Ausgabe der griech.
liturgg. Bücher, die in der Propaganda ebenso correct wie kritisch ediert
werden, das nizäno-konstantinopolitanische Glaubensbekenntnis in seiner
ursprünglichen Form (ohne filioque) gelassen worden, siehe z. B. das
„grosse Horologium", Rom 1876, p. 13, l. 16; „grosses Euchologium",
Rom 1873, p. πβ´, l. 5; p. πκ´, l. 24—25, u. vgl. d'Avril, Saint-Cyrille,
Paris 1877, S. 31.

II. CAPITEL.

Deutsche Übersetzung ausgewählter Stücke aus den Werken Martyrius-Sahdona's.

(S. den syr. Text im Anhang.)

---

f. 64ʳ Sechstes Capitel : Von der Jungfräulichkeit und Heiligkeit.

Hoch und erhaben ist der gepriesene Stand der Jungfräulichkeit, überaus gross und vorzüglich der herrliche Wandel der Heiligkeit, denn sie ist der Vorrang der überirdischen Geister, die Verähnlichung mit der Herrlichkeit der lichten Engelschaaren und der neue Wandel des jenseitigen Lebens der Unsterblichen, der Kinder der Auferstehung, der Söhne Gottes. Vor allem nun ist es der wahren Christen würdig und geziemend, ihrer, die im Sacramente Unsterbliche und Kinder Gottes geworden sind, dass sie in ihr wandeln, zumal jene, die sich in vollkommner Liebe Christus angeschlossen, indem sie in Selbstentsagung allem Irdischen sich entfremdet haben und also voll Eifer als Herde Gottes ihr Leben in Demut hinbringen : Denn gerade durch den Kampf der Bewährung in der Heiligkeit erwerben sie, obwohl sie sterblich sind, den Ruhm und die Herrlichkeit der Unsterblichen, dieweil sie sich der Ehe enthalten, um den Engeln ähnlich zu werden. So bilden sie den geistigen Typus des zukünftigen Lebens an ihrer Person (schon) in diesem Leben aus, und offenbar erweisen sie den herrlichen Wandel der Unsterblichkeit im sterblichen Leibe : Sie sind nämlich bestrebt, mit aller Macht gegen die Fleischesnatur anzukämpfen, indem sie deren schmeichelnde und starke Lockungen überwinden und besiegen, ihre gewaltigen Begierden unterdrücken, ihre wiederholten Angriffe abschlagen, ihre heftigen Leidenschaften bezähmen, ihre Glutflammen auslöschen, die Stacheln ihrer begehrlichen (fleischlichen) Liebe zu Boden treten, ihre natürliche, aber feindliche Ordnung umwandeln, kurz einen schweren Kampf ohne Ende mit den Anreizungen und Begierden ihrer Sinnlichkeit unterhalten. So liegen sie also Tag und Nacht miteinander in hartem Kampfe, ich meine Leib und Seele, indem ein jedes von ihnen auch seinen Genossen zu der ihm natürlichen Ordnung hinüberziehen möchte, — wie denn „das Fleisch begehrt, was immer dem Geiste entgegen ist, und der Geist erstrebt, was immer dem Fleische zuwider ist" (Gal. 5, 17), d. h. wodurch es niedergehalten und in der Reinheit bewahrt wird, — und beide einander feindlich sind.

In diesen grossen Krieg und beständigen Widerstreit sind diejenigen verwickelt, die im Wandel (f. 64ᵛ) der Jungfräulichkeit und in der Heiligkeit ihr Leben zubringen. Daher hat auch unser Herr Christus wegen der Schwere dieses heissen Kampfes die Jungfräulichkeit hoch über das Gesetz erhoben, da er sie nicht an ein Gebot binden wollte, vielmehr sie dem (freien) Willen dessen überliess, der nach der Vollkommenheit strebt. Wie denn auch der Apostel gesagt hat: „Über die Jungfräulichkeit aber habe ich von Gott ein Gebot nicht empfangen" (1. Cor. 7, 25). Denn unser Gott und Erlöser wollte nicht etwas, das über die natürliche Ordnung hinausginge, durch Gesetzesbefehl verbindlich machen, sondern er gab es anheim der Freiheit dessen, der wolle und der den Glanz der Heiligkeit liebe : Wusste er ja wohl, dass es sehr die Kraft der sterblichen Natur übersteige, ehelos zu bleiben, und dass dieses (eher) das Leben nach der Auferstehung sei, wie er (auch) zu den Pharisäern sprach : „Bei der Auferstehung wird man weder (neue) Weiber nehmen, noch werden die (früheren) Weiber ihren Männern (mehr) angehören,[1]) sondern man wird wie Gottes Engel sein" (Matth. 22, 30; Marc. 12, 25). — Was ist also zu thun, o heil. Apostel, weil du ein Gebot über die Jungfräulichkeit von unserem Herrn nicht empfangen hast! Rätst du (auch) nicht, dass es sich gehöre, sich ihr zu nahen! Ei freilich! „Den Rat gebe ich, da ich von Gott mit (besonderer) Glaubwürdigkeit begnadet worden bin, dass — und zwar meine ich, es sei gut so wegen der Not der Zeit — es dem Menschen fromme, so zu bleiben. Bist du einem Weibe verbunden, so suche nicht die Scheidung; bist du des Weibes ledig, dann suche nicht die Ehe" (1. Cor. 7, 25—27). Gut ist es nämlich, in der Keusch-

---

1, Man merke auf den Sinn dieser Stelle in der Peshiṭtá.

heit zu verharren fern von der Ehe, nicht als ob diese Sünde
wäre, sondern weil sie den Menschen wegen der zeitlichen Beschwer zum irdischen Trachten abzieht, wie zur Hauptsorge für
Weib und Kind. „Denn wer verehelicht ist, sinnt aufs Zeitliche,
wie er seinem Weibe gefalle, wer aber unverehelicht ist, denkt auf
den Herrn, wie er ihm gefalle" (1. Cor. 7, 33—32).
Zu eurer grossen Schonung also (1. Cor. 7, 28) gebe ich euch
den Rat, euch der Ehe zu enthalten, nicht etwa, um euch einen
Fallstrick zu legen, sondern damit ihr euch beständig in der
rechten Verfassung zu eurem Herrn haltet, unbekümmert um Ir-
disches (1. Cor. 7, 35). „Denn wer unsern Herrn lieb hat und
vertraut mit ihm werden will, der muss sich der Ehe enthalten,
damit er beständig bei ihm bleiben kann in keuschem Wandel,
ohne sich von weltlichem Trachten abhalten zu lassen. Wahrhaft
selig daher, wer also bleibt gemäss meinem Rate. Ich glaube aber,
auch den Geist Gottes zu haben" (1. Cor. 7, 40). „Das aber
sage ich den Ehelosen und Witwen, es fromme (f. 65ʳ) ihnen, so
zu bleiben wie ich. Wenn sie es aber nicht aushalten, so mögen
sie heiraten, denn es ist viel besser, eine Ehe einzugehen, als zu
brennen vor Begier" (1. Cor. 7, 8—9). „Ich möchte zwar wollen,
dass sie in fester Enthaltsamkeit von der Ehe wie ich ausharrten,
weiss ich doch, dass es ihnen frommt; wenn sie aber nicht die
Widerstandskraft haben gegen die natürlichen Leidenschaften, so
ists besser, dass sie sich in der Ehe binden", nicht aber, dass sie
in ihrer Weichlichkeit vor Sinnenbegier brennen, indem sie letztere
noch anfachen durch beständiges Darandenken und Sicheinlassen
auf ihre Anreizungen. Denn die Heiligkeit ist gar beschwerlich
und mühsam, und ich wollte, dass alle Menschen wären, wie ich,
in der Keuschheit! Allein, ein jeder hat seine besondere Gabe
von Gott, der eine so, der andere so (1. Cor. 7, 7). Denn wiewohl ich den Wunsch habe, dass ein jeder sich dem Glanze
der Jungfräulichkeit nähere, so bin ich doch wegen ihrer
Grösse und Beschwerlichkeit wohl davon überzeugt, dass niemand ohne (besondere) Gabe und Hülfe Gottes ihre Lauterkeit
vollkommen bewahren kann. Und nicht nur dies dünkt mir eine
Gnadengabe zu sein, sondern auch jenes, dass man in der
Ehe sein Gefäss in Ehren und (unter) keuschem Gesetz halte
und nicht in Begier und Leidenschaft wie die viehischen Heiden
(1. Thess. 4, 4—5).

Du siehst also, wie der gottinspirierte Paulus die Jungfräulichkeit erhebt, und wie er mahnt, dass wir sie als Gabe von
Gott erflehen sollen, indem er darauf hinweist, dass nicht nur
unser Vermögen, den Glanz keuscher Jungfräulichkeit zu bewahren,
von Gottes Gnade kommt, sondern auch die Fähigkeit, sittlich in
reinem Ehestande ohne Begier und Leidenschaft mit dem Weibe
zu verkehren behufs der natürlichen Fortpflanzung. Wenn also
der lautere Ehestand, der nur der Kindererzeugung wegen da ist,
ohne (besondere) Gottesgabe nicht bewahrt werden kann, um
wieviel weniger ist es dann möglich, den Glanz der Jungfräulichkeit und Heiligkeit ohne Beistand und Hülfe der (göttl.) Gnade
zu bewahren. Damit du aber genau erfahrest, wie erhaben das
jungfräuliche Leben über die Kraft der Zeugungsnatur der Menschen sei, und dass niemand ohne Gabe Gottes es vollführen kann,
so lerne von Christus (selbst) : Als er sich nämlich mit den Juden
darüber besprach (cf. Matth. 19, 1—12), dass es nicht in des
Mannes Macht stände, sein Weib zu entlassen, ausser im Falle
der Unzucht,[1]) kam den Jüngern die Sache mit dem Entlassen
oder Nichtentlassen allzu schwierig vor : So meinten sie denn, es
sei viel einfacher, gar nicht zu heiraten, indem sie sagten : Falls
es so (f. 65ᵛ) um das Verhältnis zwischen Mann und Frau steht,
dann thut's nicht gut, zu heiraten.[2]) Da war es, wo Christus sie
hinweisen wollte auf die erhabene Grösse des Gegenstandes und
darauf, dass es nicht jeder so einfach fertig brächte ohne Gnaden-
geschenk Gottes — und so sagte er denn zu ihnen : Nicht jeder
kann dieser (eurer) Rede Genüge leisten, ausser wem es gegeben
ist. Ihr irrt nämlich sehr, wenn ihr meint, dass dies so einfach
sei. Es ist aber auch wieder den Kleinen und Geringen eigen,
weil sie eben von der göttlichen Hülfe unterstützt und stark gemacht, die Kraft dazu finden werden. Deshalb nämlich sagte er:
Jene, denen es gegeben ist, um zu zeigen, dass auch bei denen,
die den ehelosen Stand erwählten, die göttliche Gnade es vor
allem sei — nicht etwa der Wille — die dies durch die That
vollende : Dass wir das erfüllen, was wir über unsere Natur hinaus erwählt haben, steht nicht bei uns! Auch zeigt er ferner, dass
durchaus nicht jener Umstand Lob verdient, dass wir nicht hei-

---

1) Im Syr. geht's im Nebensatz weiter!
2 Hier fängt im Syr. erst der Nach- und Hauptsatz an.

raten, sondern der, dass wir freiwillig die Ehelosigkeit erwählen wegen der „Furcht Gottes" [1] (= Ascese). Somit erweist er durch diese Mittel und diese Auslese die Vortrefflichkeit der Ehelosigkeit, wobei er jeden ermahnt, ja nicht zu glauben, sie sei Selbstzweck noch Inbegriff der Vollkommenheit, vielmehr sei dies die Liebe zu Gott und jener Eifer, der samt dem Coelibate durch die Pflege aller Tugenden an den Tag zu legen sei. — Und so fügt er noch weiter hinzu : Es giebt nämlich Euouchen, die vom Mutterleibe an so geboren worden, es giebt Eunuchen, die's durch Menschenhand geworden sind, und es giebt Eunuchen, die sich selbst dazu gemacht haben um des Himmelreiches willen ; also (mit anderen Worten) auch das dürft ihr nicht meinen, dass es in jedem Falle preisenswert sei, nicht zu heiraten, denn es giebt solche, die so geboren werden, dass sie nicht die Ehe erwählen können, es giebt ferner solche, die später so geworden sind, wann sie behufs Menschendienstes so oft verschnitten wurden. Die sind somit keinesfalls würdig, gepriesen zu werden, sondern einzig jene, die, obwohl sie die Zeugungsorgane besitzen und von Natur in dieser Beziehung unverletzt sind, doch wegen der „Furcht Gottes" sich die Entsagung der Ehe erwählen. Eben weil dies so schwer ist, hüte ich mich wohl, es zur gesetzlichen Verpflichtung zu machen, überlasse es vielmehr dem (freien) Willen derer, die sich dem unterziehen wollen : Wer dem genügen kann, der genüge ihm (Matth. 19, 12). Jeder nämlich, der sich ihr nähern und auf sich nehmen will ihre Beschwerlichkeit (f. 66ʳ) aus Liebe zu Gott und Verlangen nach seinem Reiche, der vertraue auf seinen Gnadenbeistand, da er zu ihrer Erfüllung verhilft gemäss dem Verlangen des Willens. Das ist also, was Christus gesagt hat über den Coelibat, auf dass er jene, die an ihn herantreten, allseitig belehrte, nicht etwa im Vertrauen auf die eigene Kraft, wie wenn man so imstande wäre, ihn zu erfüllen, nachlässig daran

1) Derselbe Gedanke wird von Eznik „Widerlegung" der Secten. Vened. 1875, p. 287—88", polemisch gegen Mani, Marcion und die Mesallianer ausgeführt : „Auch bewahren die Jungfräulichen der heil. Kirche nicht deswegen die Jungfräulichkeit, weil sie die Gottesgabe der Ehe für eine Schmutzigkeit erachteten, wie Marcion, Mani und die Mesallianer. Denn wenn sie in dieser Gesinnung ihre Gelübde hielten, dann verdiente ihre Jungfräulichkeit diesen Namen nicht. Sondern um sich mit Vorzug der Liebe Gottes zu weihen, enthalten sie sich von guten Creaturen Gottes, damit sie seinen Engeln ähnlich seien, wo es ja nichts Männliches noch Weibliches mehr giebt, schon auf Erden dieselbe Tugend zeigen u. s. w."

zu gehen, sondern voll Furcht und Behutsamkeit, im Vertrauen
auf die Barmherzigkeit Gottes und unter eifrigem Flehen mit
Gebet und Bitte, er möge Kraft und Hülfe verleihen, um in ihm
leben zu können und ihn keusch zu bewahren. — Wahrhaft gross
und sehr herrlich ist also die Krone der Jungfräulichkeit, und in
dem Masse, wie ihr Kampf beschwerlich ist, ebenso vorzüglich
und erhaben ist auch ihr Lohn. Wenn nämlich der Herr die
Eunuchen von Natur beim Propheten (Is. 56, 3—4) bestärkt und
tröstet mit den Worten : „Kein Eunuche sage : ich bin dürres
Holz ; denn so spricht der Herr zu den Eunuchen, die seine
Sabbate halten, wählen, was er will, und feststehen in seinem
Bunde : Ich will ihnen in meinem Hause und innerhalb meiner
Mauer einen Ort geben samt einem Namen, der besser ist als
Söhne und Töchter. Ja, einen Namen für ewig, der nimmer auf-
hört, will ich ihnen geben !" — um wieviel grösser werden dann
erst der Name und der Ruhm jener sein, die sich freiwillig ,die
keusche Jungfräulichkeit erwählen. Dazu bedarf es gar sehr der
Anstrengung und Vorsicht wegen des harten Kampfes, denn man
muss streiten mit der (eigenen) Natur und nicht etwa mit einem
äusseren Feinde, man muss kämpfen im eigenen Hause und nicht
etwa in der Ferne, da giebts kein Rasten und Ruhen, bis man
in die Grube steigt, bald erhebt sich der Kampf wie ein Unge-
witter von innen heraus, bald wird er zur Wut entfacht durch
äussere Stürme. Überaus zahlreich sind nämlich die Leidenschaften,
die die Jungfräulichkeit verderben wollen, und allerseits ist sie
von Anreizungen umringt, die sie zur Sünde stacheln, von überall
werden spitzige Speere wider sie geschleudert, um sie zu zer-
reissen, und unaufhörlich droht ihr von aussen der Krieg und von
innen die Furcht. Viel schneller, als einer einen Stein mit der
Hand wirft, ist ihr Untergang da, eine Secunde kann ihr Verderben besiegeln, und eines Augenblickes bedarf es nur, und sie
ist nicht mehr. Jetzt ist noch ihre ganze Arbeit da, und alsbald
ist sie dahin, jetzt noch ihre Keuschheit, und gleich ist sie befleckt,
jetzt noch ihre Behutsamkeit, und schon geht sie in die Brüche.
Und so leicht ist ihr Untergang, dass wohl nicht einmal der Aug-
apfel, dem gleich behütet zu werden der Prophet von Gott er-
bittet (Psalm 16, 8) — so, wie sie, des Schutzes bedarf. Denn
wenn das Auge erblinden will, so kann man es kurieren und seine
klare Sehkraft wieder herstellen (f. 66ᵛ). Aber nicht so bei der

zugrunde gegangenen Jungfräulichkeit! Ihre Heilung ist unmöglich, und ihre Wiederherstellung unerfindlich. Die Busse vertreibt zwar die Befleckung der Sünde, thut den Schmutz der Unzucht von ihr hinweg und tilgt die Makel ihrer Entweihung, aber sie kann nicht bewirken, dass sie ihre frühere Stellung wiedergewinne, noch machen, dass sie wieder zu ihrer ehemaligen Ordnung emporgelange : In den Bereich der Heiligkeit kann sie sie wieder einführen, aber sie wieder zu dem machen, was sie früher vor ihrer Auflösung war, das vermag sie nicht. Wenn nun schon (ehedem) der Jungfräulichen nicht viele waren hier auf Erden, so sind sie jetzt noch viel dünner und sparsamer gesät. Bewahren wir also vorsichtig diese vielschöne Perle, da der Räuber und Verderber ihrer Schönheit so viele sind. Denn sie wird nicht nur von den Gliedern des Leibes zugrunde gerichtet, sondern auch von den innern Wallungen des Herzens, wie denn unser Herr Christus gesagt hat : Wer ein Weib anschaut, um ihrer zu begehren, der begeht alsbald an ihr Ehebruch im Herzen (Matth. 5, 28). Merke also und achte auf (den Ausdruck) „im Herzen" : Keineswegs nähert sich also Körper an Körper, noch vollzieht sich offen die That, sondern, obschon die Glieder von einer Verbindung fern und von schmutziger Befleckung rein bleiben, besudeln die Gedanken des Herzens die Jungfräulichkeit (von innen), verderben die äusseren Regungen sie von aussen, kurzum wird der ganze Mensch befleckt durch den verborgenen Herzensehebruch. So erwähnt er (Christus) noch nicht einmal die Menge der bösen Nachstellungen Satans (Ephes. 6, 11), worin der sich ergeht, um den heil. Tempel Gottes zu zerstören, was wir ja sind nach dem Worte des Apostels (1. Cor. 3, 17) —, Nachstellungen, worüber sich der Prophet bezüglich seiner Volksgenossen (Jos. 22, 17) oder der Apostel hinsichtlich der fremden Völker verbreitet : „Sie haben sich befleckt in ihren Werken und Unzucht getrieben in ihren Gelüsten, darum hat Gott sie schrecklichen Qualen überliefert" u. s. w.[1]) (Röm. 1): Oh, über jene, welche die Vergeltung, die ihrer Gottlosigkeit zukam, an ihrer eigenen Person empfangen haben, und zwar mit vollem Recht! Denn wenn, wer natürliche Unzucht treibt, von Gott der Strafe überliefert wird, um wieviel mehr ver-

---

[1] Man bemerke die eigentümliche Exegese; die πάδη (Röm. 1, 26) werden nicht auf das Folgende bezogen!

dient die Höllenflammen, wer widernatürliche Unzucht treibt, wie
der gottlose Bösewicht! Fliehet vor Unzucht und Schändung, ruft
uns der Apostel entgegen (1. Cor. 6, 18), jede Sünde nämlich,
die der Mensch begeht, ist ausserhalb des Körpers, wer aber Unzucht treibt, sündigt am eigenen Leibe. Wer sollte nicht fliehen
vor der schändenden Unzucht am eigenen Leibe, die plötzlichen
Tod durch Gottes Gericht bringt, z. B. über jene schänderischen,
ruchlosen Söhne Judas (Gen. 38, 6—10). Das ist die Sippschaft,
die der Apostel zu den Ehebrechern und Päderasten rechnet und
zählt, indem er sie mit ihnen vom Himmelreiche weit ausschliesst:
„Denn weder Ehebrecher, noch Unzüchtige, noch Schänder, noch
Päderasten — solche (f. 67ʳ) erben nicht das Reich Gottes“
(1. Cor. 6, 9—10). Und so spricht er denn ein hartes Endurteil
über die Schänder aus mit den Worten : „Wer den Tempel Gottes
schändet, den macht Gott zu Schanden, denn der Tempel Gottes
ist heilig, was ihr eben seid“ (1. Cor. 3, 17). — Lasst uns also
uns flüchten vor dem schrecklichen Gerichte Gottes und uns fern
halten von dem Verderben der Sünde, die den Tempel unseres
Leibes zugrunde richtet; als Heilige wollen wir uns heilig bewahren, um zu einer würdigen Wohnung Gottes im Geiste zu
werden, nicht nur von dem Verderben der leiblichen Unzucht
wollen wir uns rein halten, sondern auch von der verborgenen
Unzucht der Seele, die mit bösen Geistern geschieht durch die
Zustimmung zu ihren bösen Einflüsterungen. Denn falls die Seele
den Gedanken zustimmt, die ihr vom Bösen eingesät werden,
macht sie mit ihm verderbliche Gemeinschaft, indem sie in der
Verborgenheit des Herzens Unzucht treibt und ihre heilige Jungfräulichkeit entweiht, sie, die Christo anverlobt ist zur Beobach-
tung seiner Gebote. Ebenso wie die israelitische Synagoge ehemals, die Gott durch Moses verlobt worden war, mit Steinen und
Hölzern Ehebruch trieb, sobald sie von Gott abwich, seine An-
betung aufgab und seine Satzungen verachtete,[1] ebenso (ist's) auch
mit uns (der Fall), die wir Christo durch die Apostel angetraut
sind gemäss den Worten des heil. Paulus : „Ich habe euch einem
Manne verlobt als reine Jungfrau, um euch Christo nahezubringen“
(2. Cor. 11, 2). Falls wir daher seine Gebote verachten, seinen

---

[1] Der Satz geht im Syrischen wieder endlos weiter, doch haben wir
dem deutschen Sprachgeiste zu Liebe wieder trennen müssen.

Bund¹) übertreten und satanischen Gedanken, die sich unserem
Herzen einsäen, zustimmen, treiben wir verborgenen Ehebruch mit
Satan, wie auch der Apostel, der uns verlobte, befürchtete, da er
sagte : „Ich fürchte, es möchte etwa, wie die Schlange mit ihrer
List Eva verführte, auch so euere Gesinnung von der geraden
Richtung auf Christus abgeführt (verdorben) werden" (2. Cor.
11, 3). Denn der nämliche, der Eva zur Gesetzesübertretung verführte, der verleitet auch uns zum selben, damit wir unseren Sinn
von der geraden Lauterkeit zu Christus ablenken und zugrunde
richten und preisgeben den mit ihm geschlossenen Bund durch die
Verleugnung unseres ersten Glaubens, sodass wir uns durch dies
alles das harte Gericht mit dem verzehrenden Feuer, das über
die Ehebrecher verhängt ist, bereiten. Lasst uns also behutsam
die Keuschheit unserer Jungfräulichkeit bewahren, die des Leibes
mitsamt der der Seele. Vorab die Seele lasset uns makellos erhalten von aller Unreinheit der bösen Gedanken, wodurch ihre
Reinheit beschmutzt und verdorben wird, zumal von schismatischer
Gesinnung²) bezüglich des Glaubens über Christus, worin gerade
das Verderben der Jungfräulichkeit der Seele und die Lösung
ihres Verlöbnisses liegt. Weiter wollen wir den Leib durch die
Ascese von aller Feuchtigkeit des materiellen Überflusses der
Speisen und der durch die Mahlzeiten in ihm angesammelten Über-
fülle reinkeltern, indem wir ihn niederhalten und unterjochen, sodass er auch nicht einmal mehr (f. 67ᵛ) wegen vieler Schwäche
seine Glieder zur Sünde aufzuregen vermag, noch seinen gewohn-
ten Schmutz mehr im Schlafe über uns ergiesse. So halten wir
uns also nunmehr vollkommen an Leib und Seele von allem
Bösen rein und werden im sterblichen Leibe den Engeln ähnlich,
indem wir uns gleich ihnen durch Gottes Gnade von den ehe-
lichen Trieben freihalten. So werden wir würdig werden, die
vollkommene Heiligkeit behutsam zu erwerben, ohne die ja niemand den Herrn schauen wird : Ihm sei die Ehre und uns der
Gnadenanteil seiner Heiligkeit, von Ewigkeit zu Ewigkeit. Amen!

---

1) Ein Ordensmann heisst im Syrischen „Bundessohn" und eine
Ordensfrau „Bundestochter".

2) Eine Mahnung für die nestorianischen Landsleute des Verfassers!

f. 139ʳ Zweiter Brief. An jemand, der vom Verfasser Auskunft über seinen Aufenthaltsort haben wollte, um zu ihm zu kommen.

Betreffs dessen, warum du mich gebeten hast, o trefflicher Mitbruder Barshabba, dass ich dir nämlich (f. 139ᵛ) meinen Aufenthaltsort kundthue (dazu), ob er sehr passend sei für das ruhige und beschauliche Mönchsleben —, darüber will ich dir, mein Lieber, nunmehr in Kürze berichten. Viel besser hätte ich's freilich vorgezogen, zu schweigen — doch wäre ich so nicht für einen Verächter der Bruderliebe gehalten worden!? — da ich mich ja sehr vor mir selbst schämen muss, dass ich mich trotz meines Weilens an einem Orte, der zum Dienste der Vollkommenheit wie geschaffen ist, dennoch in gerade entgegengesetztem Thun bewege. Obschon ich nämlich in ruhiger Einöde und an einsamem Orte weile, wie es sich für den Aufenthalt der wahren Einsiedler gehört, so bewegen sich trotzdem meine Gedanken mehr, als die der Leute in den Städten und weltlichen Festen, in irdischem Handel und Wandel; sie sind verwirrt und erregt von allen Besorgnissen! Wiewohl ich leiblich der Welt fern bin, schweife ich meinen Gedanken nach darin umher und bin tief in ihre Begier versenkt. Das aber ist das gerade Entgegengesetzte von (wahren) „Gottesfürchtigen" (= Mönche). Denn obwohl solche der Welt nahe sind und mitten in ihr wohnen, so sind sie der Gesinnung nach gar sehr von ihr entfernt und entfremdet, dieweil ihre Lockungen und Anreizungen weit an ihnen vorüber sind und ihre viele Aufregung nicht mehr ihren Sinn verwirrt. So lassen sie die sinnlichen Dinge in weite Ferne fahren, was ihrem Herzen zugute kommt, was sie auch in diesem Leben über die Erde erhebt und in den Himmel zu Christus gesellt durch ihre geistige Wissenschaft, die sinnt auf das, was droben ist, in wunderbarem, über jedes Wort erhabenem Lobpreis. Im Hinblick darauf also, schämte ich mich, es möchte, wo ich deine Bitte beantworten soll, mein Herz sich Tadel holen von meiner äusseren Rede. Andererseits wieder kann ich nicht umhin, um nicht egoistisch die Wahrheit dir, mein Freund, zu verbergen und die Liebe zu verletzen, deiner Freundschaft in Kürze zu schreiben; so habe denn acht auf das Vielerlei. — Zuerst will ich dir das zu wissen thun, dass eine weise Seele, die in der „Furcht Gottes" vollkommen erprobt ist, sich in ihrer (Geistes-) Arbeit weder durch Zeit noch Raum behindern lässt,

dieweil sie sich nicht wandelt mit Zeit und Ort, vielmehr selbst
Zeit und Ort umwandelt. Denn die grössere Kraft zieht die
kleinere an sich, dies ist ja auch der Fall bei den natürlichen
Verbindungen. Ebenso zieht auch die gottliebende Seele, die in
der Weisheit von oben unterrichtet ist, wegen ihrer Erhabenheit
und der Stärke der aus der Höhe erworbenen Kraft, viele aus
der Tiefe zu sich empor, ohne selbst von ihrer Höhe irgendwie
hinabzusteigen, und indem sie andere umwandelt und zu ihrer
Würze bringt, bleibt sie selbst unverändert in ihrer Würze, indem
(f. 140ʳ) sie deren Finsternisse erleuchtet, wird ihr eigen Licht
nicht verkürzt. Mit Salz und Licht werden ja die Heiligen von
unserm Heilande verglichen. Eben diese Dinge werden nicht von
dem Entgegengesetzten überwunden, vielmehr besiegen sie es:
So würzt das Salz das Schale, aber es wird nicht selbst schal
davon, und das Licht verscheucht die Finsternis vor sich, wird
aber nicht von ihr verscheucht, kann also in sie hineinleuchtend
unmöglich von ihr verdunkelt werden, es müsste denn etwa sein,
dass diese Dinge in ihrem Wesen verdorben wären, sei es, dass
das Licht finster würde und erlösche, sei es, dass das Salz schal
und fade würde. Denn so ist gesagt : Was zu nichts mehr taugt,
das wirft man hinaus (Matth. 5, 13—14). Damit du aber noch
bestimmter erfahrest, dass die Seelen der Vollkommnen nicht an
Ort noch Zeit Schaden nehmen, so forsche in den heil. Schriften
und lerne aus ihnen : Noe war gerade und gerecht in seinem Zeit-
alter, und in keiner Beziehung schadete ihm das verdorbene Geschlecht seiner Tage. Es wohnte Abraham im Lande der Chaldäer
und auf dem Boden Chanaans, und doch ward er mehr als irgend
ein anderer als gottesfürchtig und wahrhafter Freund (Gottes)
befunden. Lot kam nach Sodoma, und doch nahm seine Gerechtigkeit nicht ab. Joseph kam nach Ägypten hinab, und dennoch
blieb seine Schamhaftigkeit bei ihm. Es weilte Moses beim Heiden
Pharao und beim Götzenpriester Jethro, und seine grosse Gerechtigkeit würdigte ihn der Anschauung Gottes. Doch wozu soll ich
jeden einzelnen von den Gerechten herzählen, die weder von Ort
noch Zeit geschädigt wurden, so (z. B.) alle Propheten, Apostel
und Gerechten nach ihnen, die weder vom Ort noch von den
schlechten Menschen zu ihrer Zeit in der „Furcht Gottes" ver-
letzt wurden. — Aber (andererseits) auch nützen der heil. Ort und
der Anschluss an die Tugendhaften einer thörichten Seele nichts,

die sehr zur Sünde geneigt ist. Und auch dies liegt offen da! Denn siehe, Adam, der von Gott selbst geschaffen war, sündigte im Paradiese, dem Aufenthaltsorte Gottes selbst. Die Söhne des Hohenpriesters Eli brachten Gott zum Zorne inmitten seines heil. Tempels. Giezi, der vermaledeite Dieb, war der Schüler Elisha's, des Propheten des heil. Geistes. Judas endlich, der arge Verräter, zählte zu den Zwölfen und verkehrte mit dem Herrn. — Weil nun aber nicht alle Seelen sich in diesen beiden Aufstellungen befinden — denn nicht alle Gerechten stehen in der erhabenen Salbung der Vollkommenheit, noch sind alle Sünder in die unterste Tiefe der Bosheit versunken, sondern es giebt deren hier wie dort, die sich in einer Mittelstellung befinden, da ja die meisten in der Mitte zwischen Guten und Bösen stehen, — darum sind Orte erforderlich, die zur Pflege der Gerechtigkeit (besonders) dienen, aber auch Zeiten des Stillschweigens, sowie helfende Personen zur Handreichung für die, welche sich der Tugend widmen. Ist doch das Gute, was bei hellem Tage gewirkt werden kann, und dessen Vorteile reichlich auf andere überströmen, so leicht vor vielen zu wirken und zu erfüllen; allein, das verborgene Wirken, das im Geiste und mit dem (f. 140ᵛ) Herzen heimlich geschieht zur Ehre und Erbauung des Asceten, das ist nicht so leicht für einen jeden vor vielen zu erfüllen, zumal für eine noch schwache Seele, die eben erst die Welt verlassen hat und danach strebt, das begehrliche Fleisch von sich abzuthun und den alten Menschen auszuziehen. Einer solchen Seele nun geziemt gar sehr der körperliche Weggang aus der Welt, falls sie willens ist, zur hohen Ordnung der Vollkommenheit zu gelangen. — Da sind's dann drei Dinge, die diese Ordnung in ihrem Beginne verlangt, und die ihrerseits wieder alle andern Vollkommenheiten nach sich ziehen. Erforderlich sind nämlich zu diesem Zwecke: Selbstentfremdung von den Bekannten, Trennung vom Materiellen und Absonderung von dem Mitmenschen. Was das Aufgeben der Bekanntschaft betrifft, so macht's einen gering und unansehnlich, enthebt es einen des (zu) vertrauten Verkehres, der Ursache zum Bösen wird, rottet es die Überhebung und Hoffahrt des Herzens aus und erwirbt es Demut des Sinnes und Geringschätzung seiner selbst. Die Trennung vom Materiellen macht einen arm und hülflos, kräftigt einen sehr in der Abtötung, die ihrerseits wieder den Körper niederhält und die fleischlichen Re-

gungen seiner Begierlichkeit abtötet, weiter aber auch die Seele
vom Trachten und Sorgen um irdische Dinge befreit, die wie
Dornen aufsteigen und den Samen des lebendigen Wortes in ihr
ersticken, sodass er weder aufwächst, noch Frucht bringt, und der
also an seinem Leben Geschmälerte nimmer ruhig und zufrieden
wird. Die Absonderung von den Augen des Mitmenschen macht
einen still und ruhig im Geiste, friedlich und sanft in der Gesinnung, und sie bereitet Furcht und Zittern. Die Furcht aber er-
zeugt den Schmerz der Betrübnis, da man seine Sünden einsieht
und aufseufzet, ohne dem Herzen Ruhe und Erholung zu gönnen,
da man Gottes gedenket zu jeglicher Stunde, um duldend auf
seine Erlösung zu warten — in der Ausgiessung des Herzens vor
ihm. Durch die Sammlung der Sinne endlich und die Gerechtigkeit des Herzens wird das Licht der Erkenntnis hell gereinigt und
direkt zum Schauen auf den Herrn hin gerichtet, indem man aus
der Tiefe ruft und Verzeihung findet, sodass der heil. Geist herab-
kommt, im Herzen wohnt und in Erneuerung die Früchte der
Gerechtigkeit zur Verherrlichung seines Namens hervorbringt. —
Für dies alles nun passt die Wüste mit ihrer Öde und Verlassen-
heit, auf dass der Sinn durch keine äussern Eindrücke abgezogen
werde und aus seiner Ascese hinausgerate. Solcherart, meine ich,
ist dieser Ort hier beschaffen, wo ich mich befinde, und notwen-
digerweise bringt er einen zur Entfremdung, Entsagung und Iso-
lierung. In den Nöten und der Armut aber bereitet man sich
wieder auf andere Nöten vor, und wie nützlich ist erst der Gedanke der Freiheit für den, der schönen Gebrauch davon zu
machen weiss. Ich denke aber, dass dies alles dir schon bekannt
ist, denn ich habe von dir die Überzeugung, dass du ebenfalls
solcher Dinge beflissen bist — und das gehörig —, sowie dass du
die dazu angemessene Lebensweise schon gefunden hast. Somit
bitte ich dich denn, du (f. 141ʳ) mögest an deinem Orte aushalten und fest bleiben, da an ihm ja die grösste Zweckmässig-
keit ist für alle Lebenslagen und Stände. Denn mehr, als von
ihren Mauern eine Stadt, ist er umgeben von der Hut der dor-
tigen göttlichen Männer, hinsichtlich deren ich bete, dass meine
Seele sterbe ihres Todes, dass ich lebe ihr Leben, dass ich stehe
an ihrer Seite einst am Ende. Der Herr sei mit deinem Geiste.
Amen.

**f. 170ᵛ Weisheitssprüche vom selben hochwürdigsten Martyrius :
Sie sind gegeben in Form von Einzelsentenzen über die
geistige Wissenschaft (= Theologie).**

A. Der Lauf zur lautern Weisheit in der Höhe besteht in dem
geraden Wege, der zu Gott führt, und der Eingang durch das
enge Thor des Lebens liegt in der Erkenntnis der göttlichen
Wahrheit, die durch die Hoffnung gewürzt ist; wer sie aber gefunden hat, der hat das ewige Leben gefunden.

B. Wenn du also die Weisheit findest und ihr nachgehst bis
zum Anfang ihres Weges, so wirst du das unerforschliche Geheimnis in ihr erforschen, und wenn du den Stern ihres Auf-
ganges erfassest, so hast du den Kern all ihrer Vollkommenheit
erlangt, und wenn du mit all deiner Anstrengung zu ihr hineilest,
wirst du ewige Ehre besitzen.

C. Alles Laufen, wenns ein Laufen zur Erkenntnis ist, alle Weisheit, falls sie Geistesweisheit ist, alle Handelschaft, wenns Handel
der Gottesfurcht ist, erreichen, erforschen und gewinnen Gott.

D. Alle Zugänge in den Naturen sollst du öffnen und sollst
schauen, aus ihnen den Allverborgenen mit Einsicht zu erschen;
erforsche das Sichtbare und strebe aus ihm das Unsichtbare zu
finden.

E. Wenn du die von Ewigkeit her verborgenen Dinge erreichen willst, so forsche nachdenklich in den Werken eines jeden
Tages, denn in ihnen siehst du die verborgene Schöpferkraft, und
wenn du stössest auf wandelbare Kräfte allüberall, so erkenne in
ihnen die Kraft des ewigen Schöpfertums, die jene nach ihrem
Willen wandelt.

F. Die Wissenschaft (= Theologie) ist also teils in den Naturen versteckt, teils in Gott verborgen : Jene, die aus den Naturen
zu erlernen ist, ist mit den Augen zu erschen und mit dem Ver-
stande zu begreifen ; jene aber, die von Gott selbst erlernt werden
muss, geht entweder (direct) von ihm aus von Mund zu Mund,
oder (indirect) durch Hören, sei es in Schrift oder sei es (in
Überlieferung) . . . . . .

Typ. & Lith. Ed. Hubert, Strassburg. — 605

(f. 170ᵃ)

 ($f. 141^r$)

(f 140ᵛ)

 | | | | | |

 | | | | |

 | |

 | | | | | .

| | |

 | |

 | | |

| | |

 | |

 | |

 | |

 |

 | | |

 |

 | | |

 | | | |

 | |

 | | | |

 |

 | |

 |

 (f. 140ª)

 o
o
 o o o o،
 o o
. o
 o
 o
 o .
 o
 o ،
 o
 o o o،
 o
، o
 o

(f. 67ᵇ)

(f. 139ʳ) Rubrum

(f. 139ᵛ)

(f. 65ᵛ)

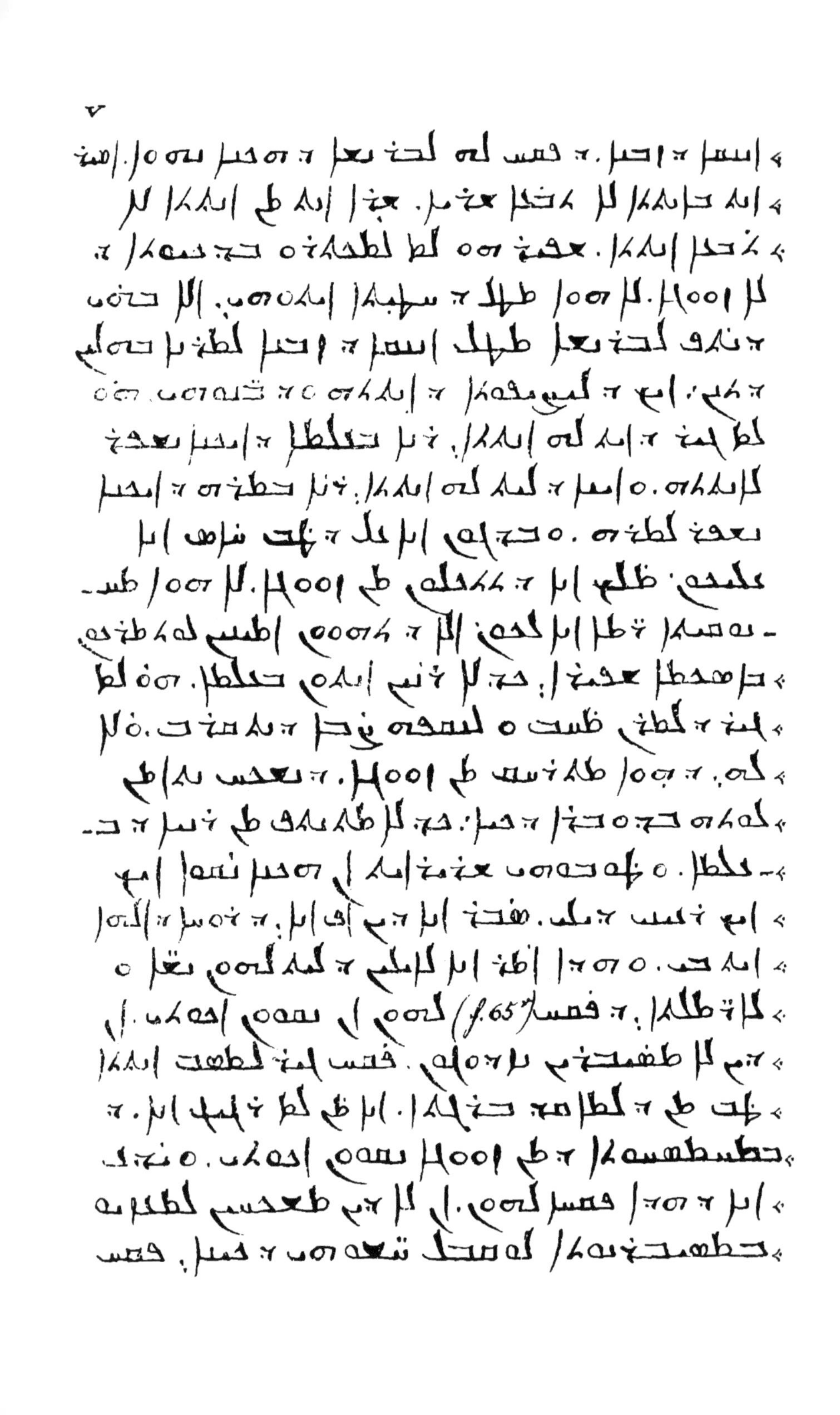

 (f.65)

(f. 64ᵇ)

(f. 64ᵛ)